AF373585

DISCOURS

Prononcé par GIROUST d'Eure et Loir, ex-membre de l'assemblée nationale, de la Convention et du Conseil des cinq cents, Président du Tribunal de Nogent.

27 prairial an 12.

DISCOURS.

FRANÇAIS MES CONCITOYENS,

Nous nous réunissons encore aujourd'hui pour jurer fidélité à un nouveau Gouvernement, ou plutôt, pour nous rattacher à nos anciennes institutions par un nouveau serment.

Des Législateurs, forts de la double représentation que leur donna le monarque, se dépouillant de lui-même du déspotisme de tous ses prédécesseurs, abjurant la tyrannie dont ses pareils lui donnoient l'exemple en gouvernant le monde depuis Trajan, Titus et Marc-Aurelle, forts de la volonté du peuple,

proclamèrent la Monarchie constitutionnelle.

D'autres Législateurs, mieux instruits de la volonté du peuple, forts de l'exercice du plus sacré de ses devoirs (l'insurrection) proclamèrent la République purement démocratique. Ivres des idées de liberté que le Monarque lui-même leur avoit inspirées, en déployant contre une Monarchie puissante la force nationale dont il étoit encore dépositaire, pour la porter sur un nouveau continent et donner l'indépendance à de vastes contrées, ils lui arrachèrent le diadême. Ils foulèrent aux pieds, sous ses yeux, le sceptre, la couronne et tous les hochets de la Monarchie dont il ne devoit plus rester de monument qui pût jamais ombrager l'œil farouche d'un Républicain.

Ils le punirent du crime d'avoir reçu de ses ayeux le sceptre qu'un des héros de sa race avoit conquis, autant par sa bienfaisance et sa générosité que par ses victoires signalées dans les fastes de la France, mais qu'il ne voulut recevoir que du Dieu de son peuple.

Ils punirent du dernier supplice, pour l'exemple de tous les Monarques, le premier des Monarques qui ait brisé la verge de la Monarchie et le joug des nations, le seul des Bourbons qui n'ait pas troublé la paix de l'Etat du bruit de la guerre, le premier et le seul des Rois qui n'ait jamais tiré l'épée que pour la liberté des peuples.

Ils vengèrent tous les tyrans de la terre de l'injure que leur avoit faite le Monarque français en cimentant, du sang de ses guerriers, les fondemens du premier temple de la liberté dans le nouveau monde, et en réunissant ses sujets autour de son trône, pour entendre leurs doléances, et légaliser leur révolte.

Ils passèrent sur la tête du Souverain le redoutable niveau de l'égalité, pour effacer l'empreinte du joug de la monarchie dont le front d'un Républicain ne devoit plus supporter la trace la plus légére.

Ils tirèrent de la proscription la mémoire du célébre auteur du *Contrat social*, firent transporter ses cendres au temple de l'immortalité et monter ses sectateurs sur l'échafaud, en déclarant sa doctrine crime de Lèze-souveraineté au premier chef. Son livre devint l'évangile des Républicains, et le texte une hérésie qui conduisit tant de victimes au martyre. Il porte ces expressions : *La Monarchie convient aux grands Etats.*

. . . . . ailleurs : *Les peuples où le terroir abondant et fertile donne beaucoup de produit pour peu de travail, veulent être gouvernés monarchiquement.* . . . ailleurs : *Il n'a jamais existé, il n'existera jamais de Démocratie.* . . . ailleurs : *Le meilleur de tous les Gouvernemens est l'aristocratie proprement dite.* . . . . ailleurs : *Si vous n'avez qu'un seul chef vous êtes à la discrétion d'un maître qui n'a nulle raison de vous aimer; si vous en avez plusieurs, il faut supporter à la fois leur tyrannie et leurs divisions.*

Tous les français accusés d'avoir proféré ces maximes, mis hors la loi, périrent sous les haches d'une armée de boureaux. Ceux qui ne furent que suspects d'en conserver la mémoire furent entassés dans les innombraLles bastilles d'une armé₂ de tyrans.

Chaque misérable dupe d'une atroce charlatanerie, raisonnant plus jusｅe, sur sa sellete, que ses jongleurs en souveraineté, sur leurs trétaux, voulut gouverner en souverain sous son échope ou sur son égout. Le malheureux ne voyoit pas qu'il n'obéissoit qu'en esclave, à la voix d'une poignée d'usurpateurs ambitieux qui, à mesure qu'ils se gorgeoient de richesses et de domination, repoussoient ce pauvre hère vers ses premiers élémens, l'esclavage, la misère et la boue. Mourant de faim, sur la foi de ses prophétes, en attendant l'âge d'or que lui remenoit, à grands pas, la loi agraire, il tendoit une main pour recevoir le morceau de pain que lui hectogrammoient ou kilogrammoient ses mandataires , et l'autre pour jurer d'aller briser le sceptre dans les mains de tous les tigres couronnés, et planter sur les débris du dernier des trônes, l'arbre de la liberté, qui ne devoit, suivant ses propres expressions, se vivifier qu'autant qu'il seroit arrosé du sang des tyrans. Et le patriote dont le génie , trop borné pour inventer la fête de la Souveraineté du peuple, ou les Sans-culotides, se réduisit à changer l'enseigne de sa taverne, le nom de son pere, celui d'une roche ou d'un ruisseau, se dit le fondateur de la République démocratique, le régénérateur du genre huma'n, en déchirant les images, ou volant le calice de sa paroisse , sous le nom d'Aristide, de Brutus ou de Scévola.

Chaque bâteleur, célébre dans son

club ou son carrefour, crut en se donnant le nom d'un grand homme ou d'un grand scélérat, avoir cloué sa renommée sur la chaîne des siécles qui devoit attacher sa république a l'éternité.

D'autres Législateurs, forts de la volonté du peuple, proclament aujourd'hui la Monarchie constitutionnelle, dans les conceptions d'une politique moins bruyante, mais plus abstraite, peut-être, car il ne nous appartient pas plus, comme sujets, de fixer nos réflexions, même nos regards, sur les ressorts de cette politique, qu'il ne nous appartient, comme créatures de pénétrer les mystères de la nature ou de la religion que le créateur a voilés de sa main toute puissante. Et si le livre de la loi sacrée n'a jamais servi qu'à nous imposer la foi, le livre de

la politique ne servira qu'à nous imposer silence.

Au surplus; *Un peuple*, nous dit le
précurseur de nos apôtres révolution-
naires, dans l'organisation spéculative
d'un Gouvernement démocratique , *Un
peuple est toujours le maître de changer
ses lois, mêmes les meilleures; car s'il
lui plait de se faire mal à lui-même, qui
est-ce qui a droit de l'en empêcher ?*

A quoi aura donc abouti l'effusion de
tant de sang humain pendant le court
interrégne qui ne doit présenter à la
postérité qu'un point imperceptible dans
la durée de la Monarchie française? di-
ront tous les partis. « A vous convain-
» cre » répondra le patriote de bonne
foi, le vrai républicain, « à vous con-
» vaincre que chaque masque qui a

» voulu figurer à cette sanglante bac-
» chanale, dans le rôle de souverain,
» en s'affublant des vieux haillons des
» Spartiates et des Romains, doit jetter
» loin de lui sa marotte de la souve-
» raineté. »

Que ce démagogue dépouillé ne vien-
ne donc plus agiter les grelots de la
folie au milieu de sujets occupés de
leurs intérêts, de fonctionnaires médi-
tans leurs devoirs, qu'il laisse là son
misérable et déchirant jargon de révolution, d'égalité, de République, de démocratie, de civisme, d'aristocratie, de
patriotisme, la déclaration et l'impres-
criptibilité de ses droits.

Il n'y a plus á prétendre intéresser,
instruire ou tromper une multitude in-
diférente, rebattue, fatiguée de cette

pitoyable tautologie. . . . Qu'il obéisse
et se taise.

Tant de sang versé donnera un exemple aux nations, instruira la postérité qui verra facilement à travers le voile du mensonge dont l'histoire se couvre déjà, que ce drame épouvantable réduisit à deux rôles le jeu de tous ses acteurs, à celui d'imposteur et celui de dupe ; et en derniere analyse à celui d'imbécile ou d'assassin.

Il n'y a point de milieu, l'ami ou l'ennemi de la révolution qui ne s'est chargé ni de l'un ni de l'autre, ne s'est acharné à faire ni République ni Républicains, ni sur-tout à composer le bonheur d'un peuple de la ruine et du desespoir, des larmes et du sang de chaque famille.

Que la société pourtant, pas plus que le Gouvernement, ne repousse cette minorité, ne la dépite par une réprobation éternelle; mais que les malheureux supôts du règne de la folie, du brigandage et de l'anarchie reconnoissent de bonne foi, et confessent franchement que leur jargon politique ne fut que le rêve d'un malade, que leurs excès ne figurêrent que le transport d'un moribond convulsé qui, dans l'accès de sa fiévre brulante, verse sans volonté, le sang de son semblable.

Si quelque fanatique persiste à démontrer qu'il reçut de la nature son caractère féroce, ou qu'un naturel plus humain reçut de l'épidémie révolutionnaire une altération incurable, il est un monstre. Alors, en se réunissant à la

majorité pour faire le serment aujour-
d'hui , il termine sa carrière politique ,
il couronne sa perversité par un lâche
parjure. Que son nom passe à la postérité avec celui de ses chefs et l'exécra-
tion de la génération actuelle.

Je me fais gloire de vous répéter aujourd'hui, Citoyens, ce que je vous ai
dit, écrit et fait imprimer, lorsque je
vous devois compte de mes opinions et
de ma conduite politique , dans les
beaux jours de la démocratie et du serment de haîne au gouvernement d'un
seul.

Remercions ensemble la Providence
qui paroît, ou calmer le délire d'une minorité trop long-tems agitée, ou fixer
l'inconstance d'un peuple fatigué de sa

souveraineté , qui en remet l'exercice à un seul , mais qui, dans une hypothèse comme dans l'autre, nous donne une garantie dans l'intérêt du dépositaire à conserver , en ses mains, le dépôt précieux de la puissance nationale.

Puisque nos destinées doivent être unies aux iennes par un serment réciproque, jurons-lui fidélité.

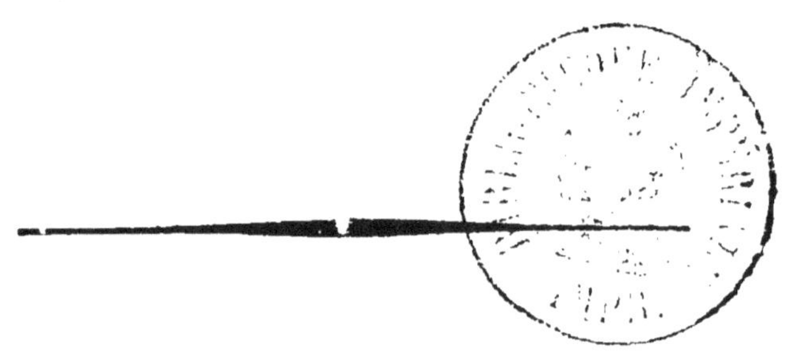

A Nogent, chez ANDRÉ, Imprimeur.

34